I0752886

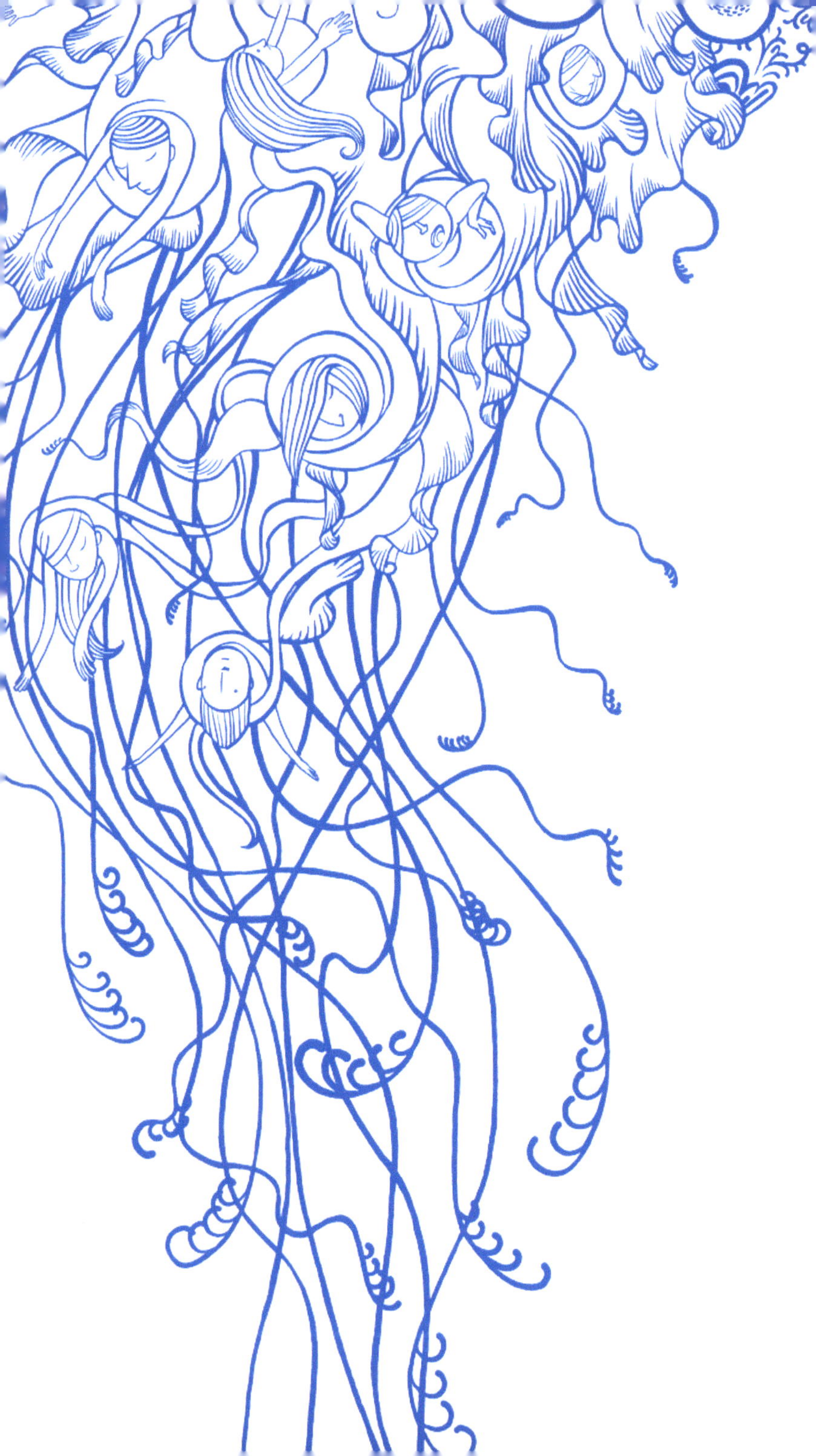

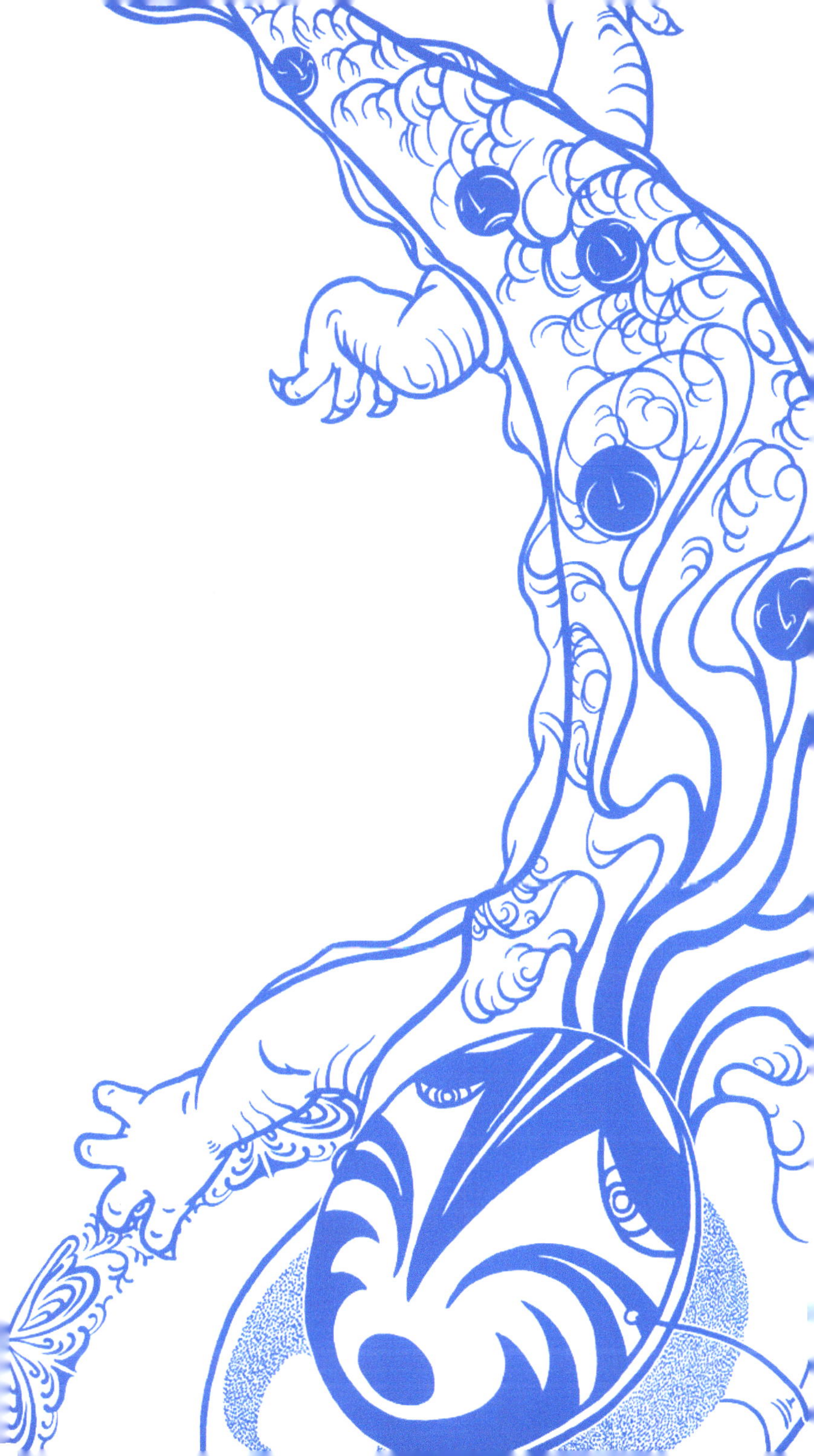

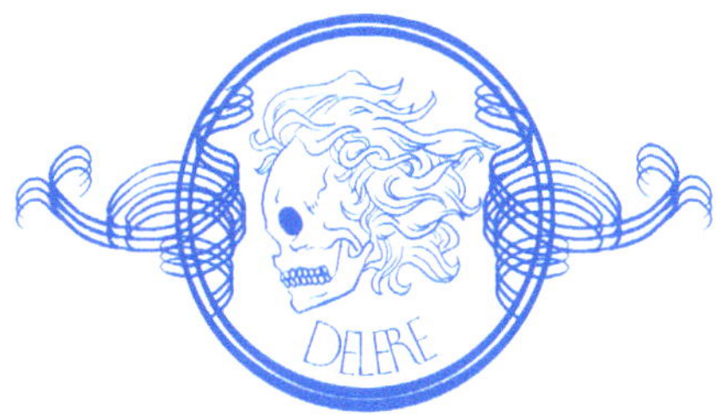
DELERE

This paperback edition first published in 2016 by Delere Press LLP

* * *

Vivre avec l'art was originally published in English under the title *Living with Art* © 2014, with ISBN: 978-981-09-1561-2. Knuckles & Notch and Delere Press LLP
Block 370G Alexandra Road
#09-09 Singapore 159960
www.delerepress.com
Delere Press LLP Reg No. T11LL1061K

ISBN 978-981-11-1329-1

Jeremy Fernando

Vivre avec l'art

Traduit par Daniel Kwang Guan Chan

Illustré par Yanyun Chen

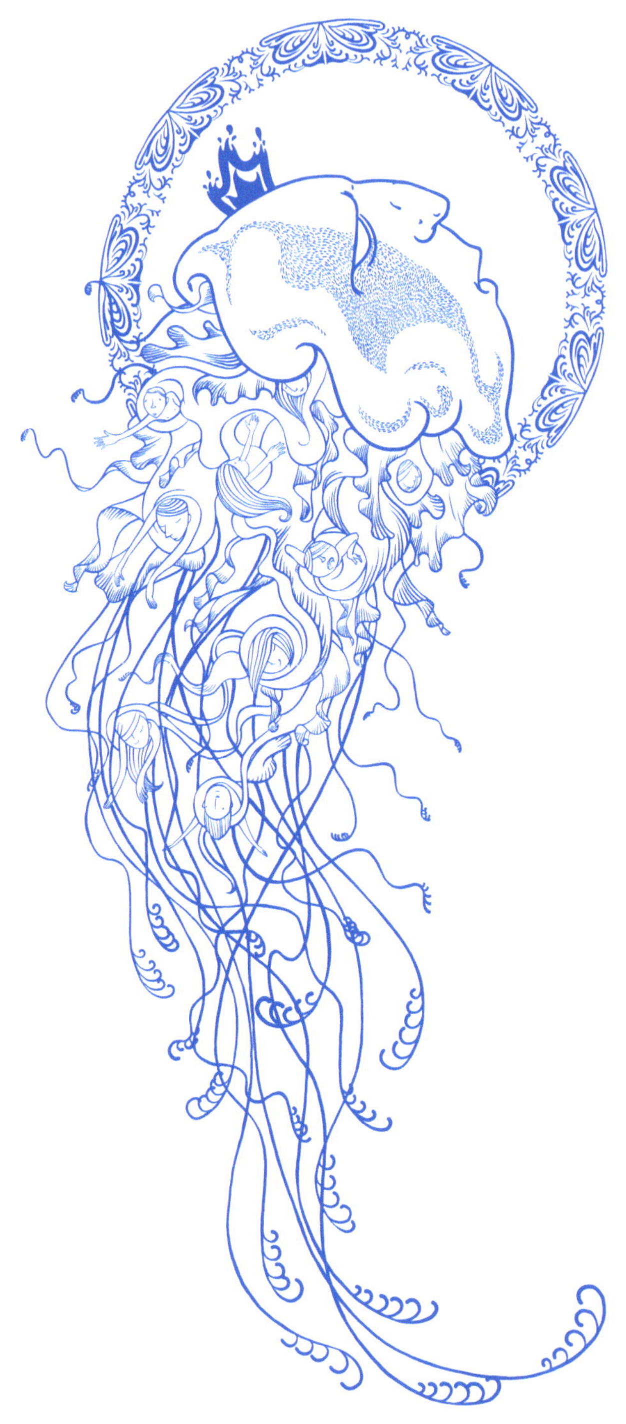

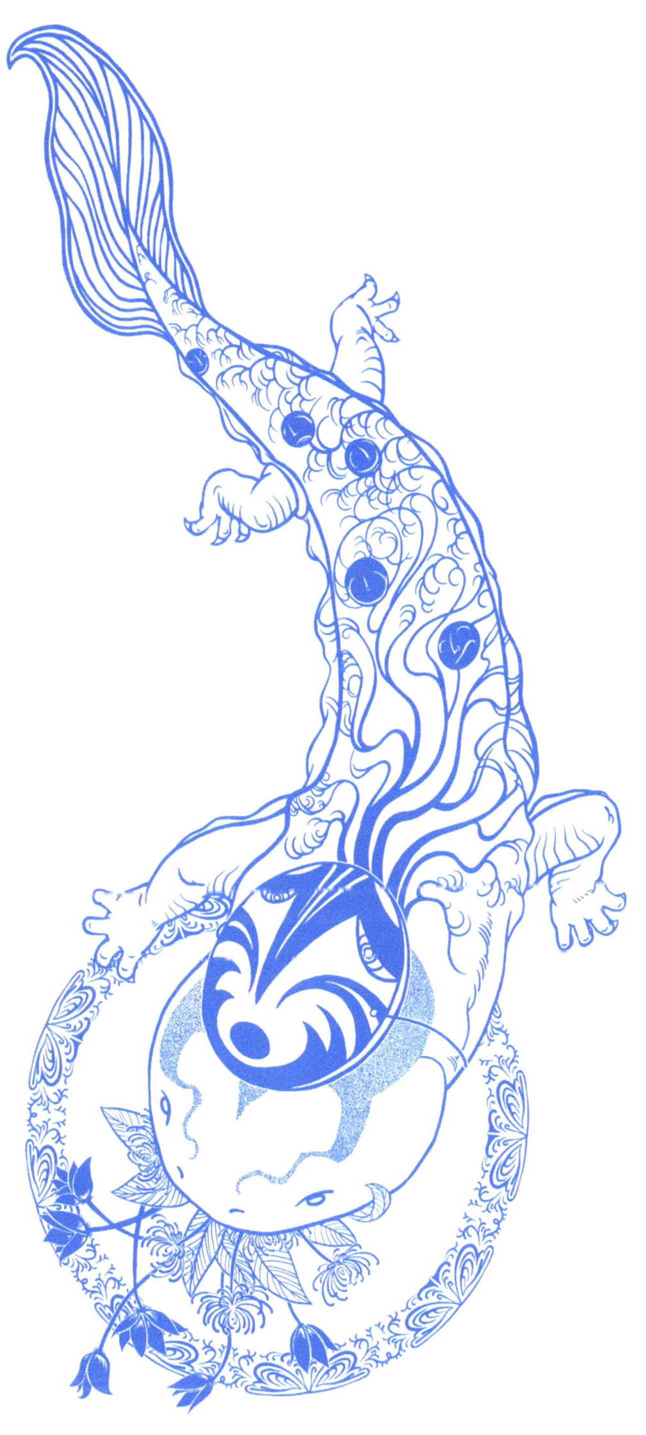

Avis du traducteur

C'est avec un immense plaisir que je présente la version française de ce recueil d'essais sur l'art, dans lequel Jeremy Fernando nous offre des pistes philosophiques de réflexion sur le débat « *Qu'est-ce que l'art* ? », à travers l'analyse des rapports que l'art entretient avec celui qui regarde, ses souvenirs, son vécu, avec la vie, le temps et l'espace.

Dans le premier chapitre, *Vivre — avec — l'art*, il met en avant les dilemmes que nous pourrions rencontrer face à l'art et devant des œuvres d'art. En effet, qui dit rencontres dit aussi différences, écarts (ou ruptures) et altérité : autant une représentation artistique est abstraite d'une manière plus ou moins exacerbée en rompant (ou pas) avec la réalité, autant un spectateur doit négocier un espace (physique et temporel) plus ou moins important par rapport à cet Autre, afin de pouvoir réfléchir, l'apprécier et/ou le comprendre. Ces mêmes thèmes se retrouvent dans les deux chapitres suivants qui décrivent l'expérience en tant que spectateur lors de la 55ème *Biennale di Venezia* (en 2011) et pendant *Art Stage Singapore* (en 2012).

Dans ma traduction de ces écrits, j'ai essayé au maximum de rester fidèle à la ponctuation et au style de la version originale, y compris à la sonorité de certains jeux de mots et à l'effet « haché » (mais voulu pour un certain rythme poétique) de certaines énumérations d'expressions, qui se reprennent tout en se complétant. J'espère que le lecteur prendra autant de plaisir à suivre le raisonnement poétique, divertissant et original de cet auteur déconstructiviste que j'en ai eu à le traduire.

Daniel Kwang Guan CHAN
Le 24 février 2016

PS: Je tiens à remercier ici Yannick Appriou, Alexandra Langlois, Ludovic Pirolley et Valérie Rousselot pour leurs commentaires utiles dans l'élaboration de ce projet. Toute erreur restante est entièrement mienne.

I

Vivre – avec – l'art ;

ou, un essai pour rompre la vie

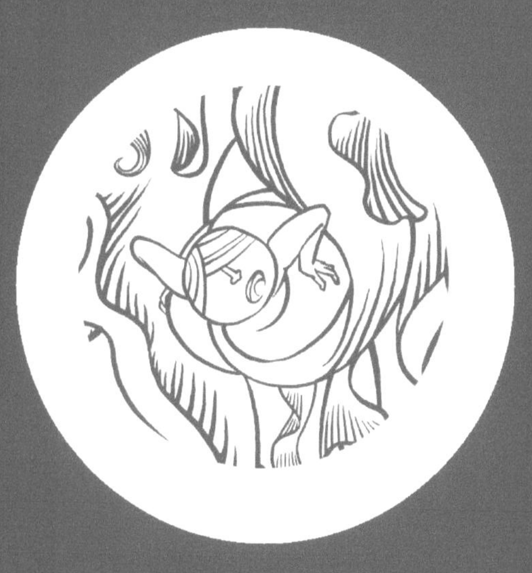

L'expression sur les visages de personnes circulant dans les galeries de photos révèle une déception mal cachée de voir que seules des images pendent là.

Walter Benjamin[1]

La « simple vie » *(mere life)* : c'est une réduction — voire une abstraction — de la vie dans son minimum absolu.[2] Un affichage de celle-ci se voit partout dans n'importe quelle galerie, exposition : les personnes contemplent — consomment presque — les œuvres exposées.

En soi, flâner autour des œuvres dans une galerie n'est pas un problème — les personnes peuvent se promener où bon leur semble. Cependant, la question repose sur un — le — manque d'émerveillement ; sans lequel, on ne peut plus qualifier les œuvres de *l'art*. Car l'art nécessite le regard ; l'art a besoin de celui qui le regarde. Ou, comme le dirait Slavoj Žižek :

« l'art réside dans l'écart entre le cadre et le spectateur. »[3]

C'est à travers cet acte que l'œuvre vit ; c'est uniquement dans la négociation entre le spectateur et l'œuvre que l'espace artistique se réalise. Sans cette négociation, cette communication, cette œuvre n'est qu'une pièce sur le mur, le sol, l'écran de télévision ; et celui qui regarde, n'est qu'un spectateur.

Le « spectacle » du spectateur est illustré par ceux qui déambulent avec des guides de poche — listes d'œuvres à voir — en essayant de tout saisir en fonçant dans les sections d'une galerie. Cela ne veut pas dire que tous les guides de poche, ou les galeries, sont les mêmes — loin de là. Le contexte, l'environnement, la situation — le temps, l'humeur, la façon dont les autres personnes nous affectent, entre autres — en sont une partie, font partie de l'expérience, sont une partie de notre perception de l'œuvre. Cependant, la notion sous-jacente est une tentative de découvrir, de saisir et de comprendre en appréhendant : en bref, une tentative de savoir. C'est pourquoi il y a une *déception mal cachée de voir que seules des images pendent là* : car les images mettent en évidence le fait qu'il n'y a rien à voir, sauf des images — des représentations qui ne nous feront pas oublier que *l'eidos* n'est plus là. Or, c'est ce geste envers la connaissance, les connaissances — la croyance en, ou le refus de laisser tomber, des notions de l'idée, voire du sens — qui est significatif.[4] En effet, dans cette tentative de rendre les œuvres présentes au regard, et de totaliser le phénomène chez le spectateur, ce qui est mis de côté est (l'espace pour) l'art ; ce qui est absent est l'art lui-même.

Car il ne faut pas oublier que, pour que n'importe quel espace — n'importe quel écart — puisse exister, il faut un moment d'hésitation, un moment de réflexion, un moment pour réfléchir. Un moment pour regarder. Et, pour regarder une œuvre — afin de la connaître, et non de la percevoir, la saisir, la subsumer sous soi-même — on doit voir un objet tel qu'il est ; en dehors de son contexte, son cadre, son environnement. Sinon, tout ce qu'on risque de faire serait d'encadrer faussement une œuvre et de l'accuser d'avoir fait ce qu'elle n'a pas fait.

Ainsi, l'on doit être **aveugle** à tout sauf à l'objet.

Or, en étant aveugle à tout le reste, on voit l'objet se retirer du sens — on peut voir l'objet, mais on reste voilé de toute signification possible. Et peut-être, la seule signification est le fait que l'on regarde. Il doit y avoir une pause, une hésitation, un moment pour vivre l'art — pas seulement sur le plan cognitif, mais aussi sur le plan physique ; car c'est précisément le temps qui est nécessaire pour que l'art s'écrive sur, dans, le corps de celui qui regarde, qui voit, le corps du spectateur. Ce qui nous ramène à Žižek et à son boutade, qu'il a d'abord prononcé en réponse à la question d'un journaliste lors d'un vernissage : le journaliste l'a tellement embêté qu'il a concocté une citation digne d'être citée sur-le-champ pour se débarrasser de lui. Quelques jours plus tard, il s'est rendu compte qu'il avait peut-être découvert quelque chose par hasard. C'est cela qui reste significatif pour nous. Car c'est seulement devant le fait accompli, rétrospectivement, quand on prend du recul, que l'on a la possibilité de juger si quelque chose est bon ou mauvais, si quelque chose est peut-être de l'art : c'est-à-dire, quand on n'est plus à la galerie, quand on n'est plus en train de regarder. Dans un sens, l'expression :

***l'histoire de l'art* est tautologique :**

l'art ne peut résider que dans le passé, dans l'histoire.

L'art est ce qui reste, il est le reste.

Et, c'est le temps — le passé, peut-être même un futur imaginé, imaginaire, qui est lui-même écrit dans le présent — qui est nécessaire pour que l'art rompe, ponctue, et ponctionne le spectateur.

Garder à l'esprit qu'une ponction, un point — *punctum* — est une rupture, mais aussi toujours une ouverture : un moment dans le temps, peut-être aussi toujours hors du temps ; dans lequel il existe des possibilités, où tout ce que nous avons, ce sont des possibilités. Ce qui signifie également qu'il y a une possibilité qu'il n'y ait absolument rien qui se passe : en effet, si l'art est la communication, la communion, entre l'œuvre et le spectateur, on ne peut pas prescrire ce qui se passe, ce qui peut se passer. En fait, on ne sait jamais vraiment si même quelque chose se passe : on pourrait tout simplement vivre la potentialité de l'art, avoir une

expérience intuitive avec l'art — à travers et avec l'œuvre. Même si nous réalisons la rencontre — que nous avons une réponse cognitive sur la rencontre — elle ne peut se produire qu'après : cela veut dire qu'elle revient dans nos souvenirs, dans notre mémoire.
Et puisque nous n'avons aucun contrôle sur l'oubli, sur ce que nous oublions, il n'y a pas de raison de croire que chaque acte de mémoire n'aurait pas déjà intrinsèquement l'acte d'oubli écrit en lui. Cependant, si l'oubli n'existait pas, la mémoire serait inutile en premier lieu. Ainsi, l'oubli est à la fois la condition et la limite de la mémoire. Et donc, on pourrait ne jamais être capable de distinguer si l'on se souvient de la rencontre ou si on la recrée, avec ses effets. En outre, puisqu'oublier est à la fois ce qui précède la mémoire et aussi potentiellement une partie de toute mémoire, la rencontre elle-même est peut-être un affect de l'écriture : ainsi, on pourrait même ne jamais savoir si quelque chose a eu lieu dans en premier lieu.

Cela suggère que, pour que l'art puisse devenir, il doit y avoir une rupture, une pause, un arrêt dans le temps lui-même. Ainsi s'ouvre la question de la relation entre l'art et le temps : car quand on parle de l'art, l'écho de l'intemporalité n'est jamais loin de lui ; en même temps, aucune œuvre ne peut exister en dehors du temps, en dehors de son propre temps. Cela suggère que, comme Giorgio Agamben et Alain Badiou le posent, au point où une œuvre devient de l'art, à un moment où une œuvre est reconnue comme de l'art, elle est à la fois dans le temps et en dehors du temps — ou, peut-être même *avec son propre temps.* C'est peut-être pour cela que quelque chose ne pourrait être considéré comme œuvre d'art que si elle *résistait à l'épreuve du temps* : elle doit être contemporaine ; même si c'est toujours *avant son temps* qu'elle sera vu, et vue aussi trop tôt, même si elle est en avance sur le temps qu'on la voit, et qu'elle est *en avance sur son temps.* Car une œuvre d'art puise déjà dans ce qui vient avant ; elle fait écho à des souvenirs d'autres œuvres du passé, des œuvres inscrites dans, écrites sur elle ; elle interpelle, résonne avec une lignée, une généalogie d'œuvres, dont elle fait partie — et en même temps, elle rompt avec ces œuvres, agit toute seule ; elle se démarque de sa lignée, elle est peu familière par rapport à celles d'avant, elle est peut-être même méconnaissable, *sui generis*, une étrangère, voire tout simplement étrange. Ainsi, dans la rencontre entre une personne et une œuvre d'art, ce que l'on est en train de voir est le temps de l'œuvre lui-même — le temps de l'œuvre n'étant rien d'autre que l'art lui-même. Cela ne veut pas dire que c'est un temps séparé : bien sûr que non. Ni un temps mystique, divin : du moins pas nécessairement. Mais que c'est *le même temps qui n'est pas le même*. La rencontre avec l'art — l'écart entre le cadre et le spectateur — est la rencontre avec le temps qui est *same same but different* : différente uniquement par sa rencontre.

Où la différence est précisément ce qui reste.

Cela nous ramène au début, au point de départ, à la question de la simple vie, à la question de *la vie* elle-même. Et ici, dans notre tentative de distinguer la simple vie de la vie, on est tenté de se demander : *qu'est-ce que l'essence de la vie* ? Mais alors, la vie n'a rien d'essentiel mis à part peut-être la mort — une absence d'essence ; ou une absence qui est essentielle. Ou, nous pourrions aussi nous demander : *qu'est-ce que la présence de la vie ?* Ou, peut-être même : *qu'est-ce qui est présent dans la vie elle-même ?* Ce qui nous conduira à *vivre* : un entre-la-vie-et-la-mort ; ni la vie ni la mort, ni présent ni absent, mais mort et vivant, absent et présent. En effet, *la vie* et *la mort* ne sont tous les deux que des noms — nommer un inconnaissable, c'est nommer sans rien nommer. Ainsi, lorsque nous parlons de *la vie*, nous pourrions très bien parler de n'importe quoi, de tout, peut-être même de quelque chose d'autre que la vie elle-même. Cela suggère que nous serions toujours incapable de distinguer la simple vie de la vie. Or, c'est peut-être la tentative même de cognitiser la vie — de subsumer la vie sous ses conceptions — qui la réduit à la simple vie.

Ainsi, tout ce qu'on peut faire c'est juste vivre — et laisser la vie, comme le dirait Wolfgang Schirmacher, « se passer derrière notre dos ».[5] En effet, Schirmacher affirme que toutes les tentatives de savoir et de comprendre ne peuvent arriver ou se produire que devant le fait accompli. Cela suggère que l'on vit séparément de la vie telle qu'elle est ; et son rôle, la seule chose qu'on peut faire, est de générer sa propre vie. Lorsqu'elle est bien faite, on crée — on imagine — sa vie. Ainsi, ce n'est pas tellement que nous sommes des êtres sages, ceux qui connaissent la vie, des *homo sapiens* (*sapere* ; être sage), mais que nous sommes ceux qui vivent, qui agissent ;

« des homo-générateurs ».

Et, pour que la vie se produise, la notion de la vie — sous la forme de la question *qu'est-ce que la vie* — doit être momentanément perturbée, rompue, suspendue : il doit y avoir une discontinuité de la vie ; ou, plus précisément, une discontinuité au sein de la vie. Car ce n'est pas comme si cette rupture ouvrait un écart complètement différent d'une vie existante : on est toujours dans la même vie, sauf que la possibilité d'une nouvelle vie s'ouvre (peut-être imperceptiblement) dans la vie existante. En se permettant une interruption momentanée de la vie, on peut éprouver une potentialité de la négociation, de la communication, peut-être même d'une communion avec la vie elle-même. Ainsi, vivre et la vie ne sont pas antonymiques — loin s'en faut —, mais pour vivre, il faut d'abord s'ouvrir à la possibilité — tout en gardant à l'esprit que l'on ne peut pas la contrôler — d'oublier ce qu'est la vie.

Vivre comme rompre — casser — la vie.

Et, c'est cette même rupture qui permet à chacun d'avoir une vie momentanée avec l'œuvre — et c'est ce moment que nous pouvons peut-être appeler *l'art*.
Peut-être alors, c'est à travers l'acte même de la recherche, de l'arrêt, que nous nous retirons momentanément de la vie — une mort momentanée dans la vie.

Or, c'est précisément cette différence qui leur permet de se connecter : gardant à l'esprit le beau rappel de Jean-Luc Nancy que *pour toucher, on a d'abord besoin de l'écart.*[6] Car la communion — le rapprochement, le fait d'être avec — ne blesse, ne rompt, et ne casse jamais : qui dit rupture de la barrière — le seuil, *limine,* permettant à tous les échos de limites, de frontières de résonner — dit également terreur, car l'autre est pénétré, potentiellement dévasté, par quelqu'un. Afin d'assurer une communication dans laquelle les deux parties se répondent, l'une avec l'autre, tout en restant totalement l'autre, il faut maintenir cet écart, cet espace, la possibilité de l'inconnaissabilité.

Mais en même temps, le fait de toucher implique un risque. Car il nécessite que l'on s'ouvre à quelqu'un d'autre, à cet autre que l'on ne connaît pas, qui reste inconnu, qui est étrange, un étranger. Et, comme Nancy nous apprend dans son bel essai 'L'intrus' : « il faut qu'il y ait de l'intrus dans l'étranger, sans quoi il perd son étrangeté ».[7] Même après que l'étranger a été invité, amené à l'intérieur, étant déjà dedans, même après qu'on a tenté de toucher cet intrus potentiel, de s'ouvrir à l'autre, sa « *venue ne cesse pas : il continue à venir, et elle ne cesse pas d'être à quelque égard une intrusion* ».[8] Cependant, ce n'est pas comme si l'on peut — même si l'on le pouvait — tenter de conjurer cette menace potentielle : du moins si l'on tente de maintenir une ouverture aux possibilités d'un autre. En effet, « accueillir l'étranger, il faut bien que ce soit aussi éprouver son intrusion »[9] ; sans laquelle, il n'y a pas de possibilité d'accueil. Ainsi, l'étrangeté d'un étranger — aux côtés des intrusions, des invasions potentielles, peut-être même des infections — c'est la condition même de l'accueil, ou la condition même de la possibilité d'être ouvert à l'autre. Et plus que cela, c'est cette étrangeté — l'altérité absolue de l'autre — qui est nécessaire pour la possibilité à s'ouvrir à une rencontre, pour toucher, être touché. Ainsi, c'est l'étranger, l'intrus potentiel — et son inconnaissabilité — qui est la condition pour rencontrer l'autre.

Et puisque l'inconnaissabilité est la prémisse à la possibilité d'une rencontre, cela suggère qu'il n'y a aucun moyen de savoir, avec la moindre certitude, s'il y a un quelconque résultat de n'importe quelle rencontre : car sans aucun point de départ connu, tout changement serait au-delà de la mesure, du *ratio*, de la raison elle-même. Ainsi, l'inconnaissabilité hante non seulement assez possiblement toutes les rencontres, mais elle pourrait bien être le résultat de la rencontre elle-même. Cela ne veut pas dire que rien ne change à travers cette rencontre, mais que même s'il y a des effets, même si la rencontre touche quelqu'un, il y a la possibilité qu'elle reste complètement inconnaissable. Non seulement parce que l'autre nous reste voilé, mais très probablement aussi parce que l'on est affecté d'une manière qui nous reste opaque, que l'on est, peut-être toujours, déjà aveugle à soi-même.

Et puisque l'art est une rencontre avec ce qui reste, une rencontre probablement avec l'oubli, il pourrait très bien toujours être déjà lui-même l'inconnaissabilité. Où on ne sait rien, outre le fait qu'il y a une rencontre.

Ainsi, l'art n'est pas seulement la limite du toucher, ni le toucher des limites, mais aussi le point où toucher devient la limite elle-même. Où la rencontre avec l'art est une ouverture à l'inconnu, à la possibilité de l'étrangeté, à la possibilité d'une rencontre dans laquelle tout est étrange, y compris soi-même — à la possibilité que l'on est son propre étranger.

Où ce qui reste — puisqu'on ne peut pas être certain de non seulement ce que fut la rencontre, mais aussi si la rencontre eut même lieu — n'est rien d'autre que la possibilité d'une rencontre.

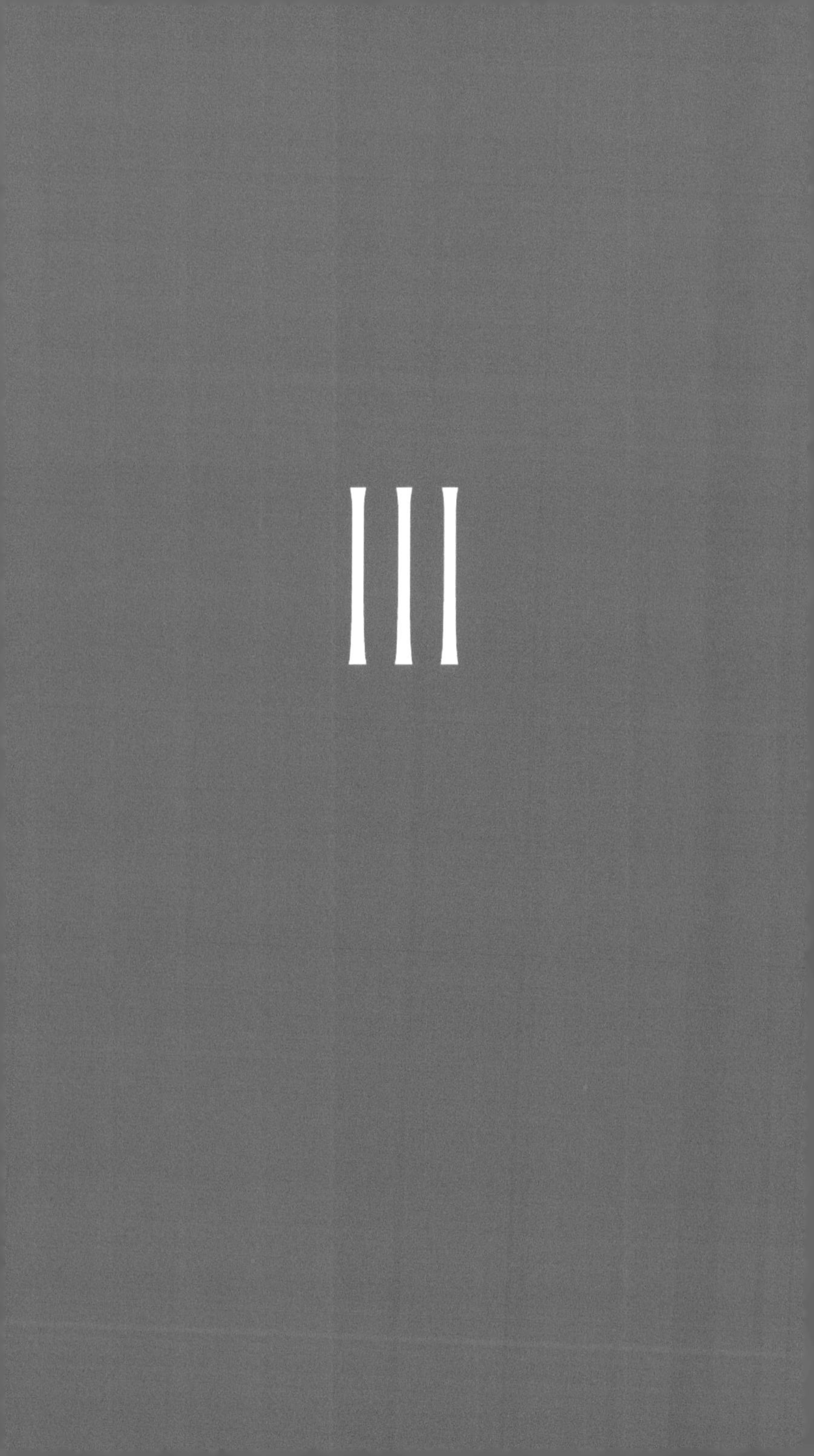

III

Le sens d'un empire

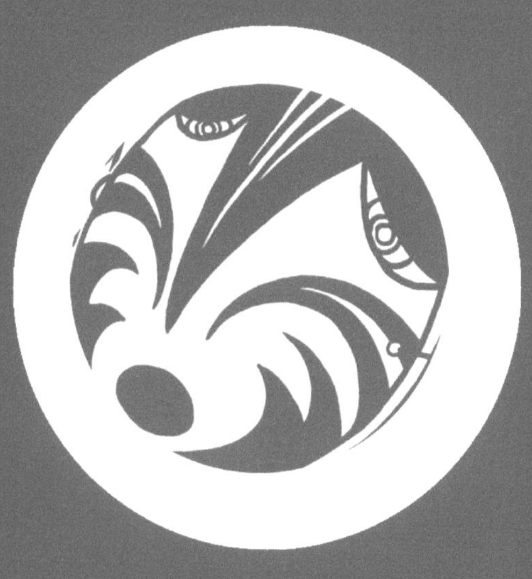

… visiter un lieu pour la première fois, c'est de la sorte commencer à l'écrire : l'adresse n'étant pas écrite, il faut bien qu'elle fonde elle-même sa propre écriture …

Roland Barthes

C’est en face de vous.

Grand, large, fort — plus vaste que tout autre. Le pavillon au-delà de tous les autres pavillons.

28 Seulement vous ne pouvez pas le voir.

Non pas parce qu’il n’y est pas. Mais parce qu’à tout moment — à tout, unique, instant — quelqu’un y est aveugle.

Aujourd’hui c’est vous. Peut-être même qu’il vous a choisi.

Donc, laissez-moi le voir pour vous.

Vous entrez en marchant.

Presque tout de suite après, vous tournez à droite. Non pas parce que vous choisissez de le faire — mais c'est tout simplement le chemin qui vous y pousse.

Il y a une certaine légèreté ; inhabituelle pour un endroit mieux connu comme étant sévère, calculateur, méthodique — draconien même. Ironique si on considère le fait que c'est un lieu de transit, de mouvement, de flux. Mais, là encore, ce n'est pas un flux dans le but de la dérive ; ni une appréciation du flux. En fait — et les faits sont tout ce qui compte ici — la notion même du méandrage, de la dérive, serait fortement désapprouvée. Car cela est tributaire de la chance, des courants, du fait d'être porté par, vers, depuis — un mouvement sans aucune piste désignée ou conçue ; sans laquelle on ne pourrait jamais savoir, décider, si c'était une manœuvre réussie, ou non.

Vous entendez le rire ; il résonne fort — comme le rire du ventre du Père Ubu. Un rire qui n'est rien de plus qu'un simple rire : plein de bruit et de fureur … Il est plutôt difficile de dire d'où il vient. Le son semble rebondir dans les couloirs ; partout et nulle part, tout à la fois.

C'est quand même tout à fait convenable : face à une telle absurdité, on peut soit rire soit pleurer.

Un panneau. À l'extrême gauche.

Je serai tout ce que vous voulez que je sois.

Promettant. Jurant même.

En gardant à l'esprit qu'il n'y a pas d'échéance nécessaire pour les vœux : ainsi, vous ne pourrez jamais savoir si la promesse est tenue — il est possible qu'elle le soit, mais peut-être pas encore.

Ainsi, vous ne pouvez jamais accuser un autre d'avoir trahi sa promesse envers vous.

Surtout si l'autre est un objet.

Mais il est possible qu'un objet soit la seule chose qui puisse tenir une promesse envers vous. Puisque seuls les objets peuvent être *ce que vous voulez qu'ils soient*. Cependant, cela repose sur la prémisse — et il n'y a pas de promesse qui ne repose sur une quelconque prémisse — que c'est vous qui faites naître cette promesse, cet objet lui-même.

À l'opposé, votre reflet.

Vous gardez un œil sur le miroir pendant que vous vous regardez passer.

Vous vous trahissez en expirant, à travers votre expiration, votre halètement.

Je vous avais rencontré dans mes rêves
Si j'avais su que vous partiriez,
Je ne me serais jamais réveillé
Vous me manquez

(Poème japonais du 12ème siècle)

Après tout, personne ne peut vous décevoir comme vous-même.

Mais au moins, ça se ferait, se fait seulement, selon vos propres conditions, au sein de vos propres limites, prémisses.

Les lieux hantés (*haunts*).

Les hantises. Pas tellement par des spectres venus d'ailleurs, mais à partir de, depuis, vous-même. Par vous qui ne pourriez jamais tout à fait permettre à l'objet de rester un objet, par vous qui pensiez que vous pourriez réellement parler avec, et connaître, un objet.

Et peut-être, pour prendre sa revanche, votre lieu hanté ne vous laissera jamais oublier que la familiarité d'un lieu ne signifie pas qu'il vous a appartenu — et peut-être qu'il ne peut jamais y avoir, qu'il n'existe peut-être même pas, ce que vous pourriez nommer *vôtre*.
En effet votre lieu hanté est toujours déjà hanté : par la possibilité que ce soit seulement un lieu hanté parce que vous le hantez.
Et que, c'est seulement en raison des hantises — aussi bien par vous que par les souvenirs de l'endroit ; les deux ne sont peut-être plus, ou n'ont jamais été, distinguables — qu'il est même possible d'apercevoir momentanément un espace comme votre lieu hanté.
Les souvenirs transportent en eux-mêmes la possibilité, le spectre, de l'oubli — les souvenirs hantés par la possibilité qu'ils ne sont pas en mémoire. Des souvenirs oubliés.
Des souvenirs qui hantent la mémoire.
C'est peut-être pour cette même raison que c'est toujours là, mais ce n'est jamais tout à fait visible, jamais tout à fait connaissable.

Donc, peut-être que vous n'avez pas d'autre choix que de me croire sur parole. Même si vous pouviez éprouver ces sentiments en traversant cet espace, ce lieu — ce pavillon que j'appelle maintenant, que je baptise, *le Pavillon de Singapour à la 55ème Biennale de Venise.*
Un pavillon qui n'a jamais été là, qui n'y sera jamais — et ainsi, qui a peut-être déjà toujours été là.

Même si je ne l'ai jamais vu.

En effet, par rapport à lui, je suis aussi aveugle que vous l'êtes. Mais, aujourd'hui, il ne m'a pas choisi. Ce jour, c'est votre jour : votre aveuglement est à vous, rien que pour vous, pour vous seul.
Ce que je vous dis maintenant est quelque chose qu'on m'a déjà dit.
À travers l'écriture, à l'écrit, comme je vous écris maintenant —

… car l'écriture est précisément cet acte qui unit dans le même travail ce qui ne pourrait être saisi ensemble dans le seul espace plat de la représentation …

— Roland Barthes

***

Une version de cet essai a d'abord été publiée en anglais dans *XiN Magazine* en novembre 2013.

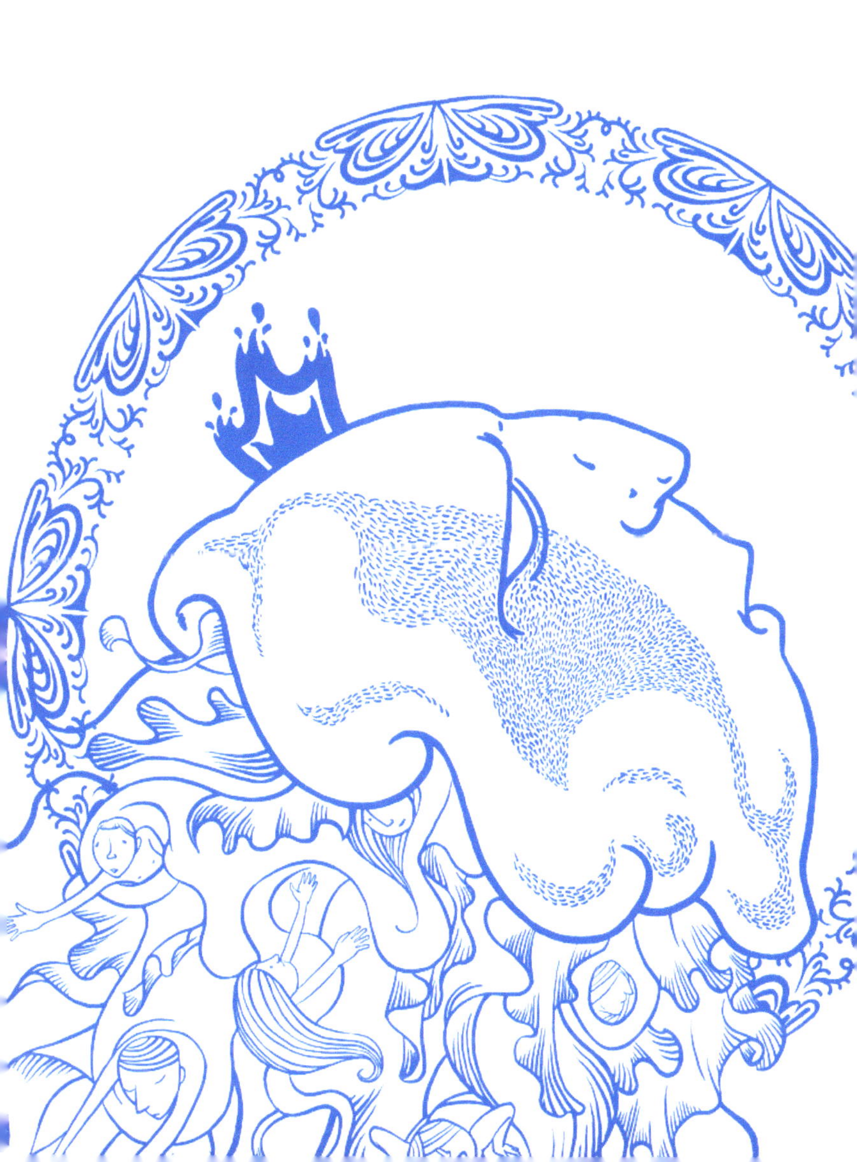

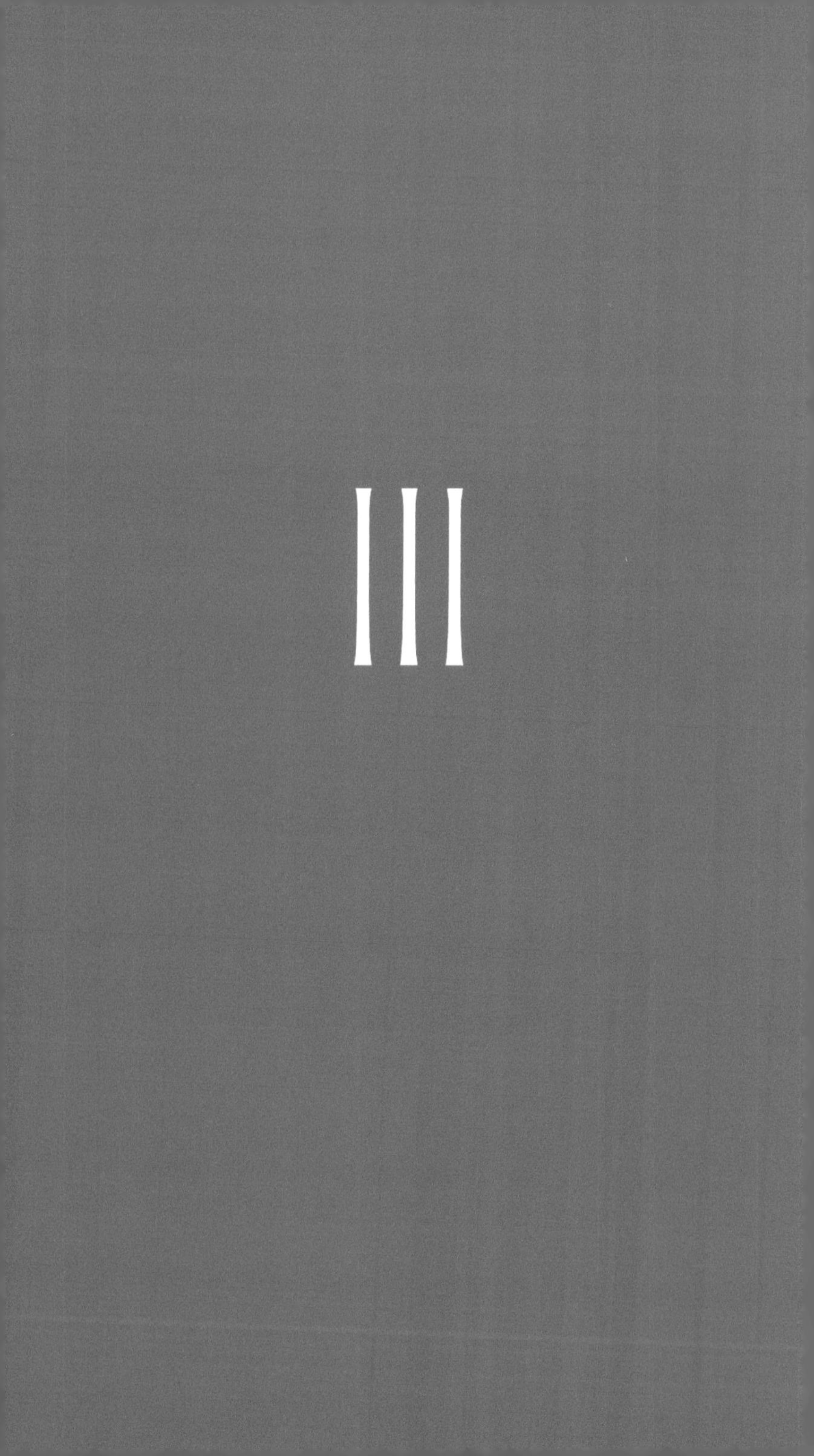
III

LE MONDE ENTIER EST UN...

OU C'EST FACILE COMME...

Les avertissements de Platon résonnaient dans mes oreilles pendant que je traversais les salles du centre de congrès et d'exposition à Marina Bay Sands. Tenant compte de son avis que l'art est une menace potentielle, et qu'il pourrait nous éloigner de la bonté, j'essaie de renforcer mes défenses contre l'assaut allégué du *pathos* qui pourrait me réduire. Après tout, on apprend par mimétisme, et seuls les meilleurs peuvent se protéger du savoir-faire d'un artisan ; dont les représentations sont si proches de la réalité que l'on n'est plus en mesure de distinguer ce qui est réel de ce qui est simplement imité. En fait, au plus haut niveau, le savoir-faire artisanal invoque potentiellement les chuchotements du *daemon* — qui nous affectent, et nous infectent, momentanément, avec les séductions de leur simulacre.

Imaginez ma déception quand, après une heure à l'*Art Stage Singapore* (du 12 au 15 janvier 2012), je suis resté indemne.

Le seul danger auquel j'ai été confronté était de me noyer dans le néant.

Et pas dans le néant ironique de Warhol, où la multiplication des images est un défi séduisant au lecteur : un *je-vous-défie-de-faire-sens-de-ça.*

Mais un néant dans sa forme la plus banale : où tout le travail est aplati par l'abstraction de la valeur d'échange. Où tout est devenu tout et n'importe quoi — totalement et complètement échangeables. Chaque pas que je faisais s'accompagnait de la déclaration provocatrice de Jean Baudrillard dans 'Le complot de l'art', qui sonnait de plus en plus vraie : « la majeure partie de l'art contemporain […] ça prétend être nul : 'Je suis nul ! Je suis nul !' — et c'est vraiment nul. Toute la duplicité de l'art contemporain est là : revendiquer la nullité, l'insignifiance, le non-sens, viser la nullité alors qu'on est déjà nul. Viser le non-sens alors qu'on est déjà insignifiant. Prétendre à la superficialité en des termes superficiels. »[10] Tout ce qui est accentué par les affirmations — les revendications, à propos de la mise en avant des idées par-dessus tout le reste — était que *le savoir-faire artisanal est mort.*

L'ironie est que : la nomenclature de la rencontre — *Art Stage* — est une vocation pour le savoir-faire artisanal. Puisque c'est l'artisanat qui rend possible l'arrivée de l'art : la compétence de l'artisan — dans sa répétition sans fin dans la quête (peut-être impossible) de la perfection — est précisément le rituel qui rend l'art possible. C'est la mise en avant dudit artisanat qui séduit aussi le spectateur — au point où celui qui voit ne fait que regarder l'œuvre — de sorte que l'on soit potentiellement affecté par l'art lui-même. En d'autres termes, c'est uniquement quand l'artisan ne cherche pas à créer une œuvre d'art (quoi que cela puisse même vouloir dire) que l'art est rendu possible.

C'est pourquoi le seul geste d'art à l'*Art Stage Singapore* se trouvait dans la plus improbable des sources. Dans un coin du vaste espace caverneux d'exposition, j'ai découvert par hasard un petit magasin construit en contreplaqué. Il a clairement été assemblé à la main — magnifiquement. Une collaboration entre *The Secret Little Agency* et *Basheer Books* baptisée l'*ABC Shop*.

Ce qui était initialement déroutant — comme je l'ai découvert plus tard en discutant avec l'une des artisane, Michelle Andrea Wan — était que le kiosque en face s'était plaint de se trouver face à, ce qu'ils ont appelé, une supérette.

Jusqu'à ce que j'aperçoive leur provocation.

Un petit panneau, sur le côté, déclarant :

« Oui. Nous sommes une vraie boutique, et non une œuvre d'art. Tous les articles sont en vente. »

Une mise en cause ouverte pour tous les autres kiosques.

Pour *Art Stage* lui-même.

En mettant en avant l'échangeabilité, en exposant le secret que *l'art contemporain* et *la vente* sont synonymes ; l'idée qu'une œuvre n'est considérée comme de l'*art* que quand elle est vendue. La plainte de l'autre kiosque ne portait pas sur l'esthétique de l'*ABC Shop*, mais était due au fait que le magasin lui-même avait brisé l'illusion de l'*Art Stage* ; l'illusion que c'était une exposition de l'esthétique, ou même des idées, des pensées.

Non pas que l'on l'ignorait encore.

Mais le simple fait que l'on sache quelque chose ne signifie pas que l'on peut le déclarer ouvertement.

Ceci est, après tout, la leçon du stalinisme. Le simple fait que tout le monde sait que Staline a toujours raison ne vous donne pas le droit d'insister sur le fait que vous ne pouvez pas le défier — car si vous l'aviez fait, votre destin aurait été pire que celui de la personne qui lui aurait fait réellement face.

Cette dernière aurait été abattue, mais après vous.

Car votre crime aurait été bien plus grave : vous auriez contesté l'illusion du stalinisme elle-même, l'illusion que tout le monde est égal ; l'illusion même qui est nécessaire pour faire fonctionner l'ensemble du mécanisme de l'État.

Car ce ne sont pas tant les illusions qui nous protègent de la réalité, mais c'est la réalité elle-même qui a besoin d'illusions pour fonctionner.

En annulant son propre statut en tant qu'œuvre d'art, l'*ABC Shop* ouvre l'espace pour que le spectateur ait un aperçu de l'art. En prétendant n'être rien d'autre qu' « une vraie boutique », il y a de la place pour l'imagination ; il y a un silence de telle sorte que des chuchotements puissent être entendus. Ceci n'est pas la nullité performative que l'on voit dans le reste de l'exposition ; ceci est la nullité complète. Et ici, nous ne devrions pas oublier qu' « la [vraie] nullité est [cependant] une qualité secrète qui ne saurait être revendiquée par n'importe qui. L'insignifiance — la vraie, le défi victorieux au sens, le dénuement du sens, l'art de la disparition du sens — est une qualité exceptionnelle de quelques œuvres rares, et qui n'y prétendent jamais ».[11]

C'est là où l'art réside potentiellement — précisément dans l'espace laissé pour lui.

En étant précisément rien de plus
qu'une supérette bien faite.

***

Une version de cet essai a d'abord été publiée en anglais dans *Artist Organized Art* en janvier 2012.

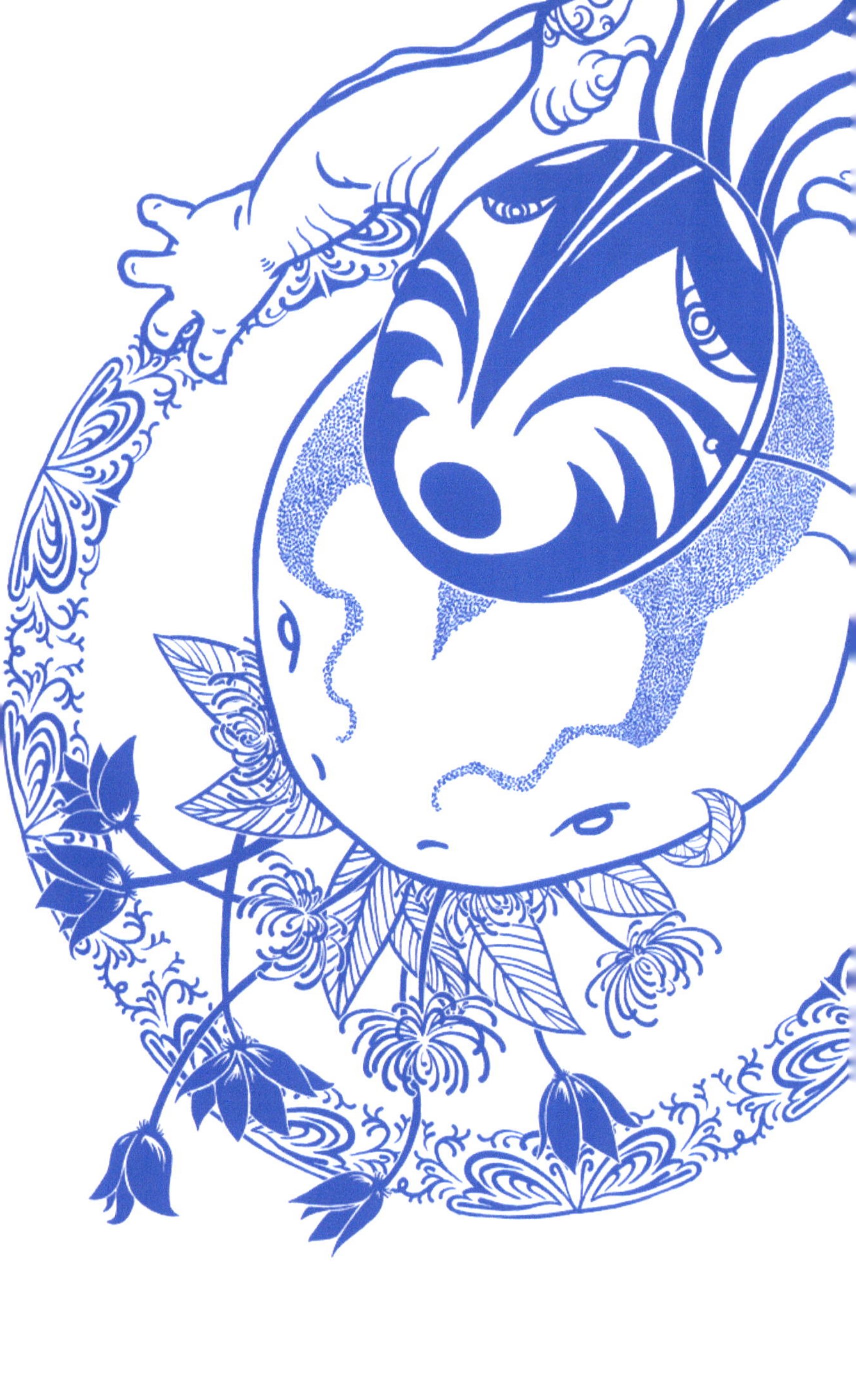

Notes

I. Vivre - avec - l'art ; ou, un essai pour rompre la vie

1

« The expression on the faces of people circulating in picture galleries shows an ill-concealed disappointment that only images hang there. » — Walter Benjamin. *One-Way Street & Other Writings*, translated by J.A. Underwood. London: Penguin Classics, 2009: 105.

2

Et ici, ce n'est pas trop difficile d'entendre un écho — voire une relationnalité — avec la célèbre formule de Giorgio Agamben, la « vie nue » (*bare life*). Dans la conception d'Agamben, la vie nue — *zöe* — se réfère à une vie en dehors du symbolique, de la ville, de la loi et de sa protection, au-delà de *bios*, voire possiblement au-delà du sens lui-même; c'est une vie dans laquelle on n'est rien, outre le fait que l'on est en vie. Cependant, même s'il y a des similitudes possibles entre la simple vie (*mere life*) et la vie nue (*bare life*), nous devons nous abstenir de faire l'amalgame entre les deux, de les aplatir, de les confondre, de les égaliser ; car même si j'estime que les personnes errant dans les galeries sont comme des automates — consommant, saisissant les œuvres — il serait obscène d'assimiler la situation aux horreurs incomparables des camps de concentration.

3

« Art resides in the gap between the frame and the viewer. » J'ai d'abord découvert cette pensée au cours du séminaire de Žižek, intitulé *Médias, Philosophie* et *Psychanalyse* à l'*European Graduate School* en août 2004.

4

Ainsi, une œuvre comme celle-ci est coupable d'exactement la même chose. Écrire sur l'art afin d'assurer sa mort.

Pour une méditation sur la relationnalité entre l'écriture et la mort, voir *Writing Death*, avec une introduction par Avital Ronell. The Hague: Uitgeverij, 2011.

5
Parmi d'autres endroits, Schirmacher discute de cette notion dans un entretien avec Lyotard intitulé 'Homo Generator in the Postmodern Discussion: from a conversation with Jean-François Lyotard', qui se trouve dans Stephen K. Levine (Ed.). *Poiesis: A Journal of the Arts & Communication*. Volume 7, 2005: 86-99.

6
« In order to touch, one first needs space. » Ma rencontre avec cet enseignement est survenue au cours du séminaire de Nancy — intitulé *L'art, La communautaire, & La liberté* — à l'*European Graduate School* en juin 2006.

7
Jean-Luc Nancy. *L'intrus*. Paris, Editions Galilée, 2000: 11.

8
Ibid, 11.

9
Ibid, 12.

III. Le monde entier est un... ou c'est facile comme...

10
Jean Baudrillard, 'Le complot de l'art'. *Liberation.fr.* Repéré à http://www.liberation.fr/tribune/1996/05/20/le-complot-de-l-art_170156

11
Ibid.

Les collaborateurs

Daniel Kwang Guan Chan est professeur de français langue étrangère au Centre d'Études Linguistiques à l'Université nationale de Singapour, avec plus de 15 ans d'expérience dans l'enseignement de la langue. Ancien récipiendaire de la bourse prestigieuse décernée par la Commission de la fonction publique (*Public Service Commission*) et de la bourse conjointement offerte par les gouvernements français et singapourien, il a fait toutes ses études universitaires en France, en commençant à l'Université de Franche-Comté et en obtenant son doctorat en linguistique à l'Université de Paris 7. Membre associé de l'unité de recherche PLIDAM à l'INALCO, un établissement de l'Université Sorbonne Paris Cité, ses intérêts de recherche portent sur la linguistique chinoise, les politiques linguistiques et l'enseignement de langues étrangères. Il est traducteur assermenté et agréé auprès des ambassades de France et de Suisse à Singapour et adore les chats.

Yanyun Chen est doctorante à l'*European Graduate School.* Elle a reçu le Prix de la médaille d'or Lee Kuan Yew et la Bourse de Nanyang pour sa licence en animation à l'Université technologique de Nanyang à Singapour. Elle a été formée à l'Académie d'Art de Florence en Suède, *The Animation Workshop* au Danemark, et a étudié auprès de Miroslav Trejtnar et Zdar Sorm en République tchèque. Elle était artiste-en-résidence pour HackerspaceSG et au *Tembusu College* à l'Université nationale de Singapour, où elle a réalisé de courts films d'animation et des jeux. Le jeu d'éco-sensibilisation *Jimmyfish*, qu'elle a créé avec une équipe d'amis, a été exposé au Japan Media Arts Festival 2012 et a reçu le Prix du Jury de sélection. Sa recherche actuelle gravite autour du dessin, de l'étymologie et de la philosophie continentale. Sa pratique est ancrée dans l'artisanat des objets.

Jeremy Fernando est *Jean Baudrillard Fellow* à l'European Graduate School, où il est également maître de conférences en littérature et pensée contemporaines. Il travaille dans les intersections de la littérature, de la philosophie, et des medias ; et il a écrit quatorze livres — y compris, *Reading Blindly*, *On fidelity*, et *Writing Death*. Son travail a été présenté dans des magazines et des journaux tels que *Berfrois*, *CTheory*, *TimeOut*, et *VICE* ; et ses œuvres ont été traduites en espagnol et en slovène. Le désir d'explorer d'autres médias l'a amené au cinema, à la musique et à l'art. Son travail a été exposé à Séoul, à Hong Kong, à Vienne, et à Singapour. Il est rédacteur en chef du magazine thématique *One Imperative* ; et Fellow of Tembusu College Fellow à l'Université nationale de Singapour.

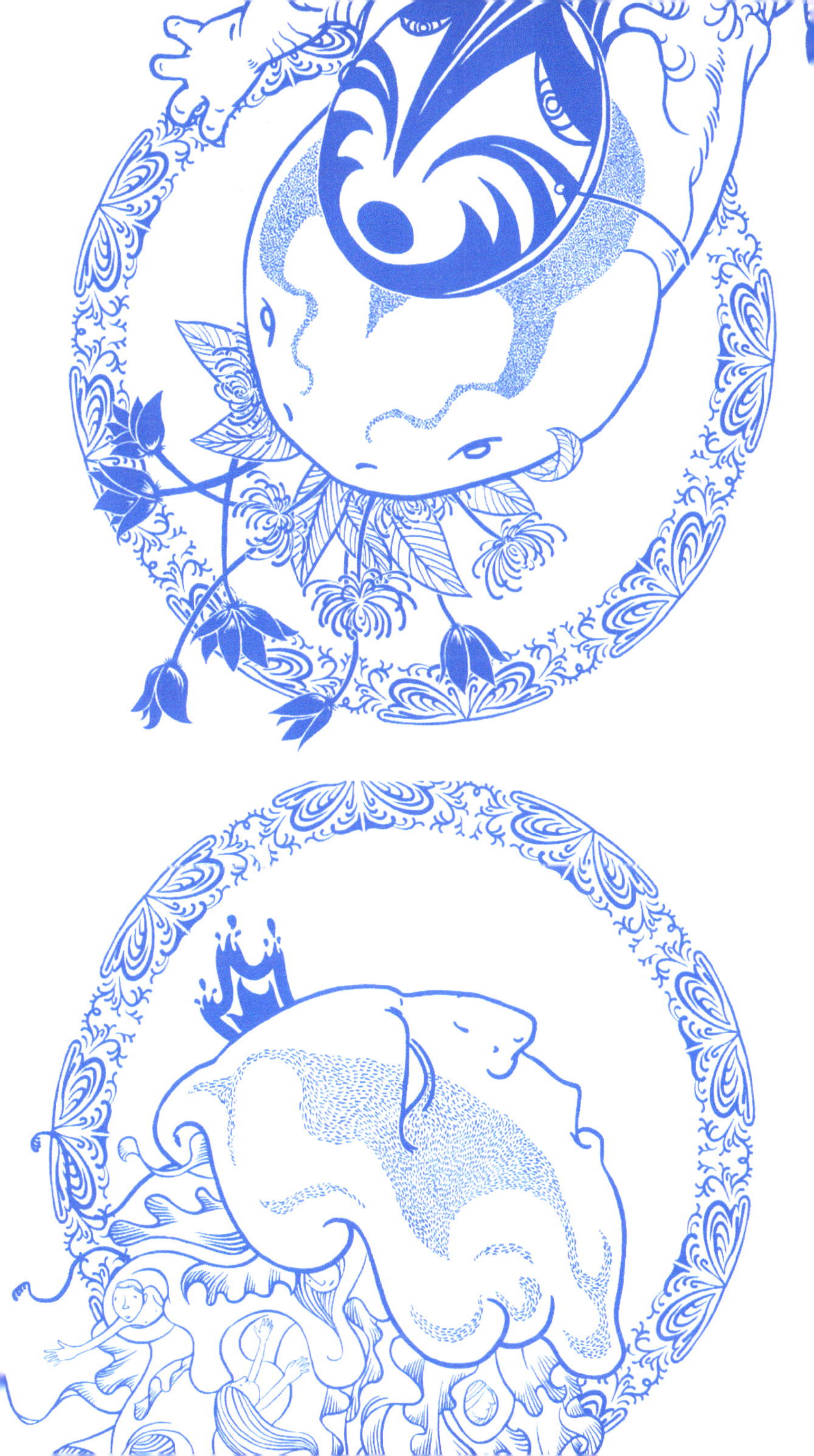

Table des matières

www.ingramcontent.com/pod-product-compliance
Lightning Source LLC
LaVergne TN
LVHW052310100826
845147LV00006B/720

* 9 7 8 9 8 1 1 1 1 3 2 9 1 *